CATALOGUE

DES

APPAREILS TÉLÉPHONIQUES

DE LA

Maison L. MAICHE & Cie

Fournisseur des Ministères des Postes et Télégraphes de France, de Belgique,
d'Espagne, de la République Argentine,
du Ministère des Finances, des Compagnies des Chemins de fer de l'Est,
de Paris-Lyon-Méditerranée, de Bône à Guelma,
des Chemins de fer Orientaux, de Madrid-Saragosse-Alicante,
et de la Cie du Téléphone de Madrid, etc., etc.

3, rue Louis-le-Grand, 3

PARIS

Ateliers : 10, rue d'Argenteuil, Paris

AVIS

Toutes les installations téléphoniques et électriques faites par la Société sont garanties de bon fonctionnement.

———

MM. Maiche et Cᵉ sont concessionnaires de licence de la Société générale des Téléphones pour les Brevets Edison.

———

Tous les appareils brevetés doivent porter notre poinçon.

———

Les contrefacteurs et détenteurs d'objets contrefaits seront poursuivis conformément à la loi.

CATALOGUE

DES

APPAREILS TÉLÉPHONIQUES

DE LA

Maison L. MAICHE & Cie

A PARIS

3, rue Louis-le-Grand, 3

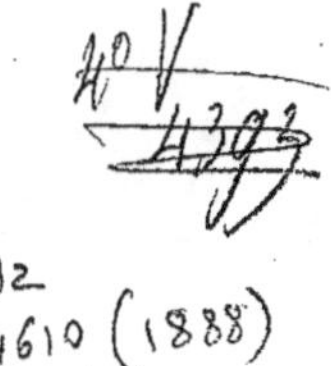

TABLE DES MATIÈRES

La téléphonie fait maintenant partie des applications pratiques de l'électricité.

On peut dire qu'il ne reste plus qu'à choisir les meilleurs appareils.

Les applications de la téléphonie sont trop importantes pour entreprendre de les signaler toutes.

Réunir téléphoniquement entre elles toutes les grandes villes, les communes, les grands établissements publics civils et industriels, les usines, les gares de chemins de fer, etc., constitueront le plus grand progrès de notre époque; il convient d'ajouter l'application aux communications intérieures dans tous les établissements et dans toutes les maisons d'une certaine étendue. Ces applications privées intéressent tout le monde puisqu'elles contribuent non seulement à épargner des fatigues inutiles, mais encore à augmenter la rapidité du service en supprimant toute perte de temps.

La réalisation de ce programme exigeait une grande perfection de construction, pour amener à leur limite extrême les frais d'entretien et de surveillance des appareils et des piles, et enfin des frais d'installation assez réduits pour être à la portée de tout le monde.

Les appareils téléphoniques comprennent :

1° Les Transmetteurs ou électrophones MAICHE. (*Page 5.*)

2° Les Récepteurs ou Téléphones MAICHE. (*Page 11.*)

3° Les Appareils d'intercommunication (Bureaux centraux) (*Page 13.*)

4° Les Sonneries ou appels. (*Page 15.*)

5° Les Piles ou appareils producteurs de l'électricité nécessaire à la transmission des signaux et de la parole. (*Pages 17 et 21.*)

6° Les lignes qui, dans la plupart des cas, sont construites par l'État ou par les concessionnaires eux-mêmes.

(Voir le Catalogue spécial.)

§ 1er.

TRANSMETTEURS

1. TYPE **A**. — *Electrophone transmetteur,* système MAICHE (breveté s. g. d. g.), modèle dit pupitre, ébénisterie en noyer d'Amérique, pièces métalliques nickelées, sans les récepteurs *(fig. 1)* . . . . **100** »

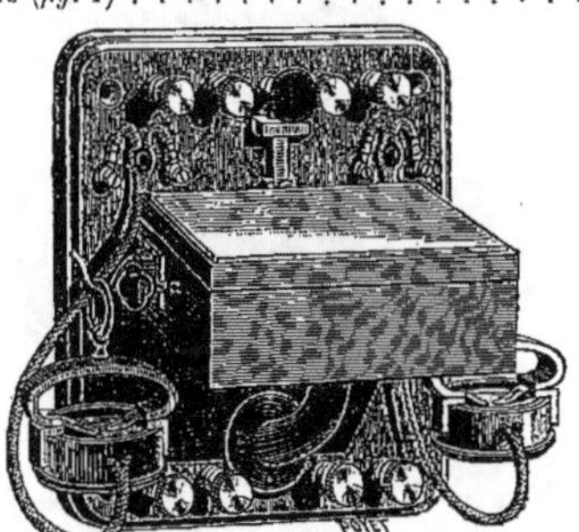

Fig. 1.

2- TYPE **B**. — *Electrophone transmetteur,* système MAICHE (breveté s. g. d. g.), modèle dit pupitre, ébénisterie en acajou, pièces métalliques vernies, type adopté par la Compagnie du chemin de fer de l'Est, sans les récepteurs *(fig. 2)*. **100** »

Fig. 2.

3. TYPE **C**. — *Electrophone transmetteur*, système MAICHE
(breveté s. g. d. g.), modèle dit vertical, ébénisterie en
noyer d'Amérique, pièces métalliques nickelées, sans les
récepteurs (*fig. 3*) . . . . 100 »

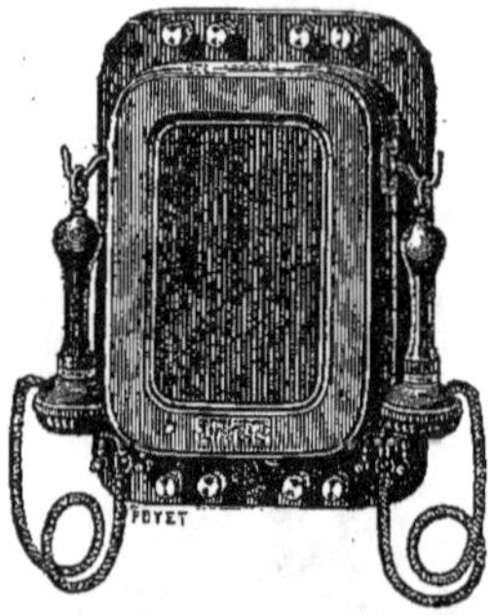

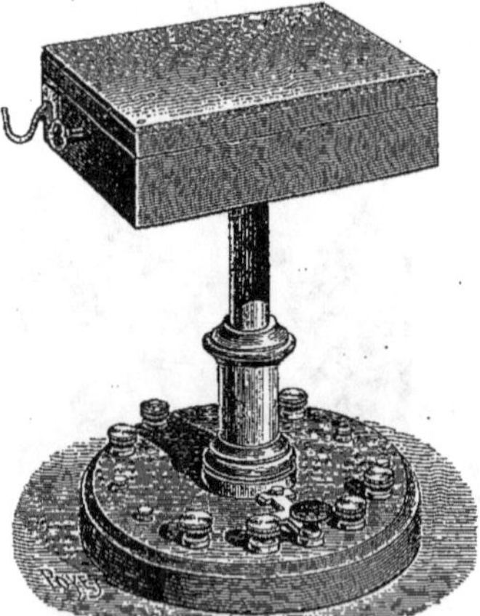

Fig. 3.

4. TYPE **D**. — *Électrophone transmetteur*, système MAICHE
(breveté s. g. d. g.), modèle pupitre portatif sur colonne,
ébénisterie en noyer d'Amérique ou bois, pièces métalliques
nickelées, sans les récepteurs (*fig. 4*) . . . . 100 »

Fig. 4.

5. Type E. — *Electrophone transmetteur,* système Maiche (breveté s. g. d. g.), modèle dit pupitre, ébénisterie noyer d'Amérique avec appel produit par un bourdonnement dans le récepteur au moyen de la pile microphonique trembleur actionné par la bobine d'induction de départ, sans le récepteur (*fig. 5*) . . . . **100** »

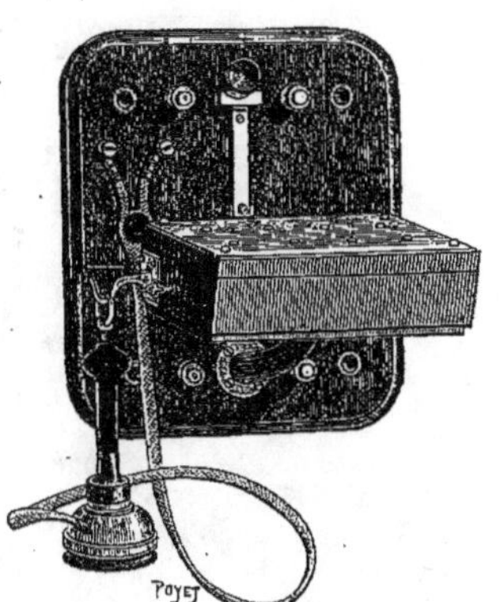

Fig. 5.

6. Type F. — *Electrophone transmetteur,* système Maiche (breveté s. g. d. g.), modèle dit pupitre-caisse, en ébonite, comprenant le microphone, la bobine d'induction, le commutateur double à manette, la sonnerie et le bouton d'appel. Ce type est spécial pour endroits humides, tels que tunnels, puits, mines, etc., sans les récepteurs. . . . . **200** »

7. Type **L**. — *Poste transmetteur électrophonique,*
système MAICHE (breveté s. g. d. g.), comprenant le transmetteur avec sonnerie et machine magnéto-électrique, bobine
d'induction, commutateur automatique, sans les récepteurs.
— Le tout sur ébénisterie en noyer d'Amérique, pièces métalliques nickelées (*fig. 7*) . . . . **120** »

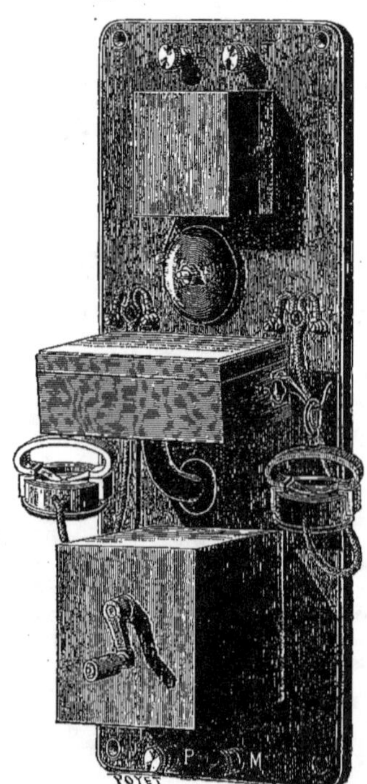

Fig. 7.

8. TYPE G. — *Electrophone transmetteur,* système MAICHE
(breveté s. g. d. g.), modèle réduit, comprenant le microphone, une bobine d'induction, un crochet mobile et un
crochet fixe, pour transmission à toutes distances. . . . .   **50** »

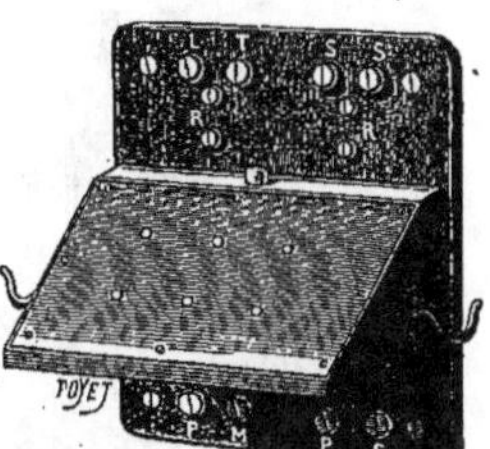

Fig. 8.

9. TYPE H. — *Electrophone transmetteur,* système MAICHE
(breveté s. g. d. g.), modèle domestique, comprenant un
bouton d'appel, un transmetteur microphonique, un récepteur et la sonnerie . . . .   **40** »

10. Type **K.** — *Électrophone Maiche* (breveté s. g. d. g.),
type H, avec appel et sonneries magnétiques, pour petites
distances . . . .   **50** »

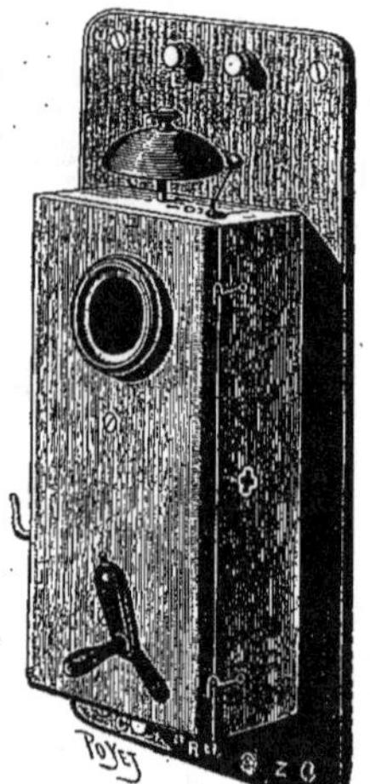

Fig. 10.

11. *Le même,* avec son récepteur . . . .   **60** »

§ 2.

RÉCEPTEURS

20. Type **A.** — *Téléphone Maiche*, forme montre (breveté
s. g. d. g.) à cuvette métallique, réglage à volonté . . . . **8** »

Ce Téléphone est construit spécialement pour les Types G. H. K.

21. Type **B.** — *Téléphone Maiche* (breveté s. g. d. g.), à
cuvette métallique indéréglable, genre Bell (*Fig. 21 et 21 bis*) **15** »

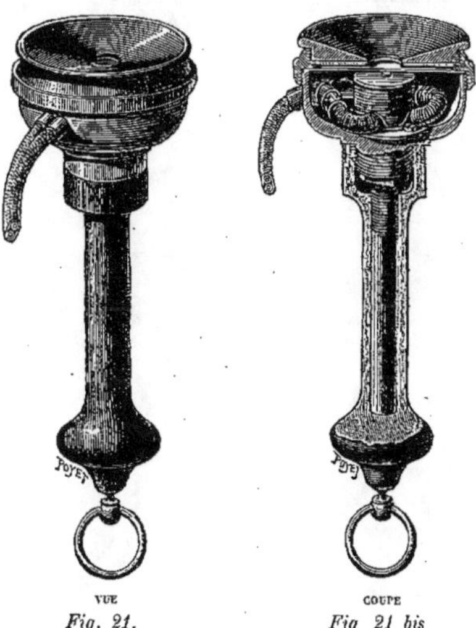

Fig. 21.   Fig 21 bis

Fig. 22.

§ 3.

APPAREILS D'INTERCOMMUNICATION

Si dans une installation il y a plusieurs postes qui doivent communiquer entre eux, il est nécessaire de les munir, au poste le plus important, d'un Bureau central.

30. *Bureau central annonciateur américain*, commutateur à clef, modèle MAICHE, monté sur ébénisterie, noyer d'Amérique, pièces métalliques nickelées, de :

	LIGNE SIMPLE	LIGNE DOUBLE
2 numéros (Fig. 30)	70 fr. »	76 fr. »
3 —	105 »	114 »
4 —	140 »	152 »
6 —	200 »	218 »
8 —	270 »	294 »
10 —	300 »	330 »

25 numéros et au-dessus de 25, par numéro. . . Le numéro. 30 fr. »

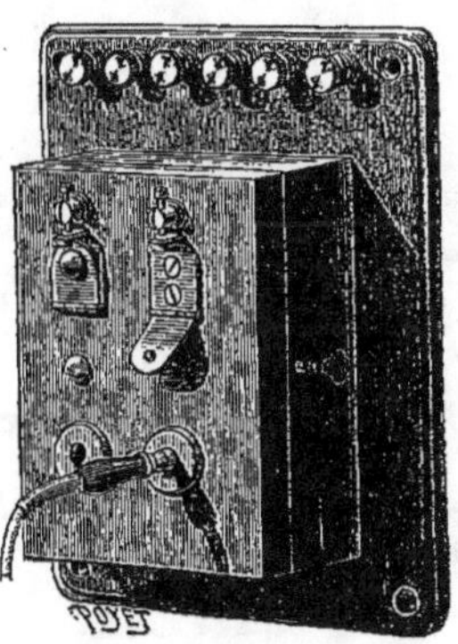

Fig. 30.

31. *Bureau central à panneau ouvert*, modèle MAICHE, pour bureau de ville de 30 numéros, y compris le transmetteur et cordons de communication pour lignes à simple fil . . . . 850 »

32. *Clef simple* et *Cordon de communication*, modèle MAICHE, pour ligne simple . . . . 4 »

33. *Clef double* et *Cordon de communication*, modèle MAICHE, pour ligne simple . . . . 7 »

34. *Clef simple* et *Cordon de communication*, modèle MAICHE, pour ligne double . . . . 8 »

35. *Clef double* et *Cordon de communication*, modèle MAICHE, pour ligne double . . . . 12 »

36. *Commutateur à clef*, modèle MAICHE, à 2, 3, 4 et 6 directions . . . . 15, 20, 25 et 28 fr.

37. *Commutateur à manette*, à 2 directions . . . . . . 7 »
    —   —   3   — 8 50
    —   —   4   —   . . . . . . 10 »
    —   —   5   —   . . . . . . 14 »
    —   —   6   — 15 50

38. *Commutateur* pour lignes à double fil . . . . 12 »

39. *Commutateur inverseur* . . . . 20 »

40. *Indicateur* de la fin de conversation, système MAICHE (breveté s. g. d. g.)

   Les prix varient suivant l'importance du Bureau central.

41. *Paratonnerre* (modèle Maiche), à disque étoilé à pointes et à papier pour une ligne . . . . 12 »

42. *Paratonnerre* (modèle Maiche), à disque étoilé à pointes et à papier, pour deux lignes . . . . 15 »

§ 4.

SONNERIES ET APPELS

Sonnerie trembleuse n° 2, modèle MAICHE (breveté s. g. d. g.),
ébénisterie acajou ou noyer d'Amérique, timbre de 0,07 centimètres
électros, à faisceaux de fil de fer.

50.	Type **A**. — Résis.	50 ohms. . . .	10 fr. »
51.	— **B**. — —	40 ou 60 ohms. . . .	12 »
52.	— **C**. — —	200 ohms. . . .	15 »

53. *Annonciateurs*, modèle MAICHE. . . . . **20** »

54. *Sonnerie magnétique*, modèle n° 1 (modèle MAICHE). **12** »

55. *Appel magnétique*, modèle MAICHE (breveté s. g. d. g.),
pour petites distances. . . . . **20** »

56. *Appel magnétique*, modèle MAICHE (breveté s. g. d. g.),
pour toutes distances. . . . . **65** »

Cet appel peut actionner une sonnerie magnétique à une distance
de plus de cent kilomètres, sur des lignes télégraphiques et
téléphoniques ordinaires.

§ 5.

PILES LOUIS MAICHE

à charbon platiné, brevetées s. g. d. g. en France et à l'Étranger,
en usage pour le service des Sonneries,
des Télégraphes, des Téléphones, des Administrations, Fabriques,
Usines, Laboratoires, Colléges, Hôtels, etc., etc.

La **Pile Louis Maiche**, à dépolarisation spontanée atmosphérique, est universellement connue aujourd'hui.

M. Louis Maiche a eu pour but :

1° De réduire la dépense du zinc rigoureusement à ce qu'elle doit être ;

2° De tirer tout le parti possible de l'hydrogène correspondant à l'oxydation du zinc, en ne dépensant rien pour l'oxydation ;

3° Enfin, par des soins spéciaux longuement étudiés apportés à la construction des piles, en faire des instruments propres, solides, pouvant fonctionner indéfiniment.

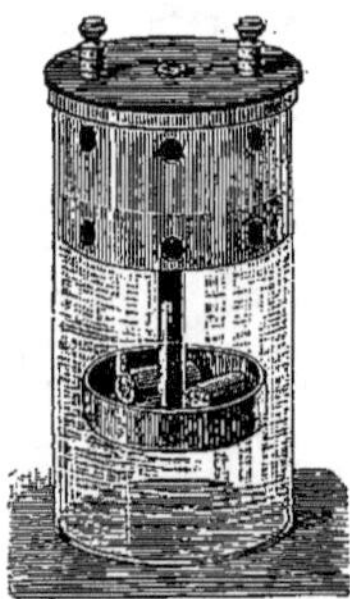

Fig. 70.

70. Modèle N° 1, pour le service des télégraphes et des sonneries électriques.
Fig. 70. . . . . **5 50**

Hauteur, 18 cent. — Largeur, 10 cent. — Poids, 2 kil. 147.

Les Piles du modèle n° 1 sont toujours accompagnées d'un
flacon de mercure et de deux petits bâtons de zinc. Il suffit, pour
monter cette pile, de verser dans la petite coupe en porcelaine le
mercure contenu dans le flacon et de déposer dessus les petits
bâtons de zinc.

71. Cette pile peut être également construite sur le modèle du n° 2, à la
demande de l'acheteur.

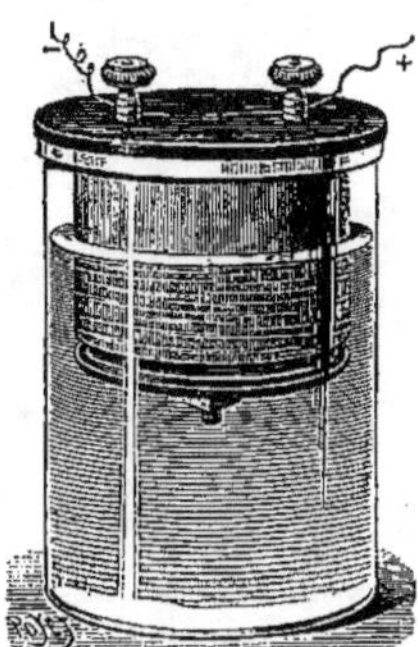

Fig. 72.

72. Modèle N° 2, spécial pour le service des téléphones et des télégraphes.
Fig. 72. . . . .   6 50

Hauteur, 20 cent. — Diamètre, 14 cent. — Poids, 3 kilos.

Les piles du modèle n° 2 sont munies d'un disque de zinc
qui est fixé au-dessous du vase poreux. La communication du
pôle négatif est établie au moyen d'un fil de platine qui relie la
borne correspondante au disque de zinc auquel il est préalable-
ment soudé.

73. Cette pile peut être également construite sur le modèle de la pile
n° 1.

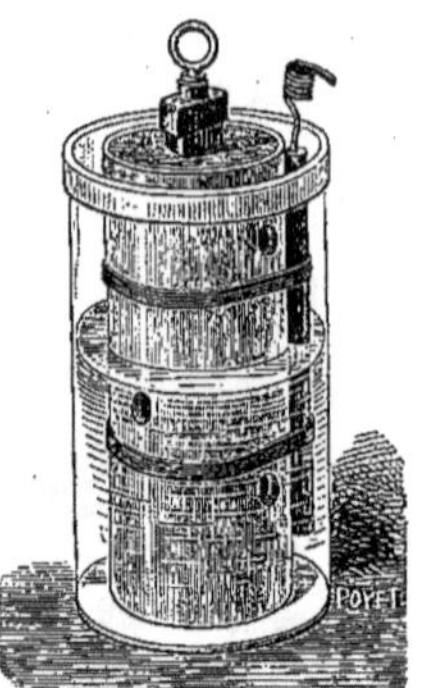

Fig. 74.

74. **Modèle N° 3**, construit spécialement pour les Compagnies de Chemins de fer (*Fig. 74*). 3 50

Hauteur, 24 cent. — Largeur, 8 cent. — Poids, 2 kil. 110.

AVIS IMPORTANT

Pour monter les **Piles Louis Maiche** n° 3, il suffit de mettre dans le bocal en verre du sel ammoniac dissous dans l'eau ordinaire, *ou bien un tiers à un demi-litre d'électrogène*. Le bocal ne doit être rempli qu'à une hauteur telle que le vase poreux ne plonge que d'un tiers de sa hauteur environ dans la dissolution, et dans le modèle n° 3, des deux tiers du vase poreux.

ÉLECTROGÈNE

L'électrogène est une solution saline, entièrement inoffensive, neutre, se conservant sans altération et jouissant, en outre, des avantages suivants :

Le zinc plongeant dans l'Électrogène *s'y conserve indéfiniment et sans être amalgamé*. Il ne peut se former par l'action prolongée de la pile, ni sel grimpant, ni sous-sels cristallisables capables d'altérer les surfaces de contact.

Une même quantité de solution peut faire fonctionner une pile au moins *quatre fois plus longtemps* que la même quantité d'eau saturée de sel ammoniac.

Non seulement les piles Maiche, mais encore les éléments Leclanché, soit à vase poreux, soit à plaques agglomérées ; les éléments Godwin et en général toutes les piles destinées à fonctionner par intermittence, appliquées aux sonneries, aux microphones, à la télégraphie, aux appareils électro-médicaux, etc., devront être chargées, à l'avenir, au moyen de l'*Électrogène*.

Tous ceux qui se servent de piles savent que leur nettoyage et leur entretien coûtent beaucoup plus par le temps dépensé à la surveillance que le renouvellement lui-même.

Il est donc inutile d'insister sur l'économie considérable qui résulte évidemment de l'emploi de l'Électrogène.

75. Le Litre . . . . 4 francs par touries de 25 litres.
76. Le 1/4 de litre. . . . . **1 fr. 30**

TYPES SPÉCIAUX DE PILES MAICHE

Pour l'emploi de l'Électrogène concentré

BREVETÉES S. G. D. G.

—⁓—

TYPE A.

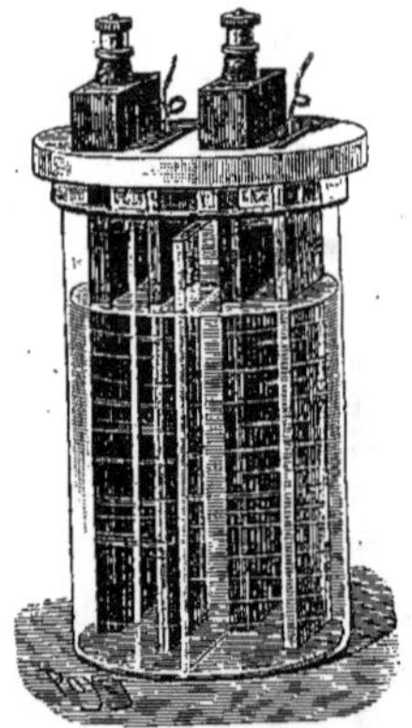

Fig. 77.

77. Prix de l'élément. **5 50**

TYPE B.

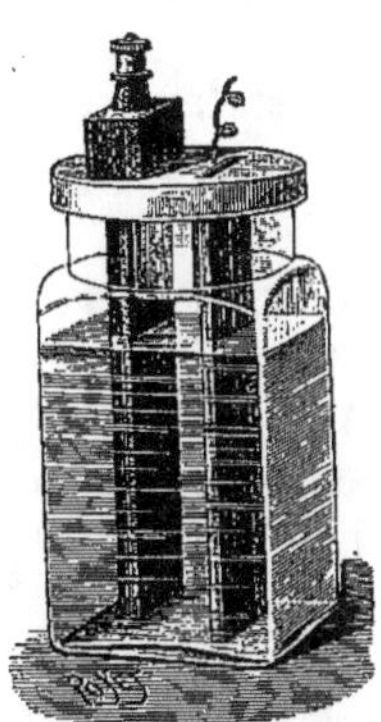

Fig. 78.

78. Prix de l'élément 2 50

DEVIS

DE DIVERSES INSTALLATIONS TÉLÉPHONIQUES

80. **Devis A.**

Poste électrophonique Maiche complet, pour lignes d'intérêt privé fonctionnant à toutes distances et pouvant fonctionner sur toutes les lignes téléphoniques (modèle adopté par le Gouvernement français)

1 Électrophone Maiche, Type A	100 »
2 Téléphones Maiche, Type C	50 »
1 Sonnerie Maiche, Type B	12 »
1 Pile de cinq éléments Maiche électrogène, Type C . .	17 50
	179 50

Le même avec un seul récepteur Maiche, Type C	154 50
Le même avec deux récepteurs Maiche, Type B	159 50
Le même avec un seul récepteur Maiche, Type B	144 50

81. **Devis B.**

1 Électrophone Maiche, Type G (Modèle réduit)	50 »
2 Récepteurs Maiche, Type A	16 »
1 Sonnerie, Type B	12 »
5 Éléments Maiche au charbon électrogéné	17 50
TOTAL	95 50

82. **Poste électrophonique Maiche** pour plusieurs directions :

1 Bureau central, quatre numéros, avec annonciateurs
à ligne simple. . . . . **142** »

1 clef simple pour ligne simple . . . . **4** »

1 clef double pour ligne simple . . . . **7** »

1 Électrophone Maiche. . . . . . 〉
2 Récepteurs . . . . 〉 Devis B. **95 50**
1 Sonnerie . . . . 〉
5 Éléments. . . . . 〉

La même pile peut servir pour la sonnerie jusqu'à deux kilomètres et il est utile de munir les lignes aériennes de paratonnerres spéciaux en dehors de ceux dont peuvent être munis les appareils.

83. **Poste domestique Maiche** (breveté s. g. d. g.) :

Type K, avec son récepteur . . . . **60** »
1 Élément électrogène. **2 50**

Par poste **62 50**

84. **Poste domestique Maiche** (breveté s. g. d. g.) :

Type H . . . . **40** »
4 Éléments électrogènes. . . . . **10** »

50 »

La pile peut servir pour plusieurs postes et même avec tableau indicateur pour petites distances.

3051. — Paris. — Imp. Ve Ethiou Pérou et Fils, rue de Damiette, 2 et 4.